Piadas
para crianças

Dados Internacionais de Catalogação na Publicação (CIP)
Angélica Ilacqua CRB-8/7057

Piadas para crianças / Susaeta Ediciones ; ilustrações de Florencia Cafferata ; tradução de Juliana Amato. — Barueri, SP : Girassol, 2022.
   160 p. : il., color.

ISBN 978-65-5530-371-1
Título original: Adivinanzas y Chistes

1. Literatura infantojuvenil 2. Anedotas I. Título II. Cafferata, Florencia III. Amato, Juliana

22-0888   CDD-028.5

Índices para catálogo sistemático:
   1. Literatura infantojuvenil

© SUSAETA EDICIONES S.A.

Publicado no Brasil por
Girassol Brasil Edições Eireli
Av. Copacabana, 325, Sala 1301, 18 do Forte
Alphaville – Barueri – SP – 06472-001
leitor@girassolbrasil.com.br
www.girassolbrasil.com.br

Direção editorial: Karine Gonçalves Pansa
Coordenação editorial: Carolina Cespedes
Assistente editorial: Laura Camanho
Capa e diagramação: Patricia Benigno Girotto

Impresso no Brasil

Piadas
para crianças

Ilustrações de Florencia Cafferata
Tradução de Juliana Amato

GIRASSOL

SUMÁRIO

Piadas

De animais   9

Da fazenda   37

De crianças travessas   49

Por telefone   63

De escola   75

Tão, mas tão...   95

No restaurante   115

De tudo um pouco   121

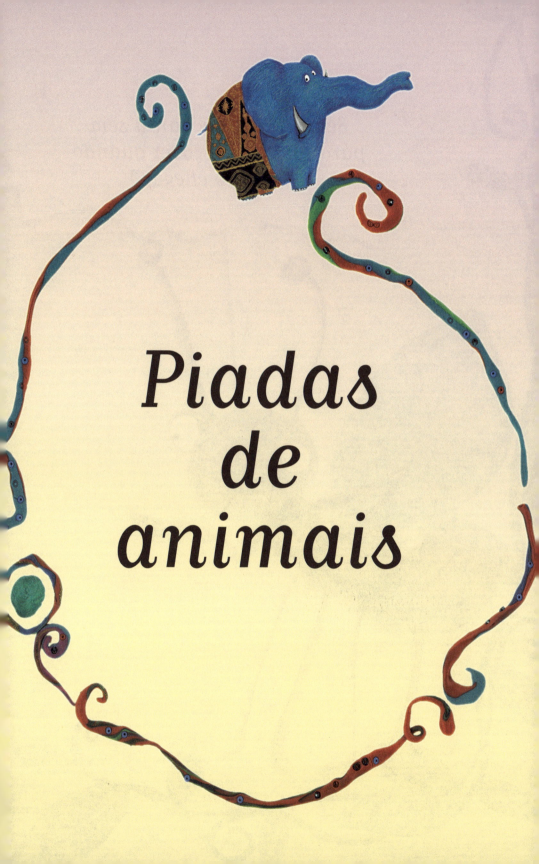

Em uma loja de animais, uma mulher pergunta ao vendedor:

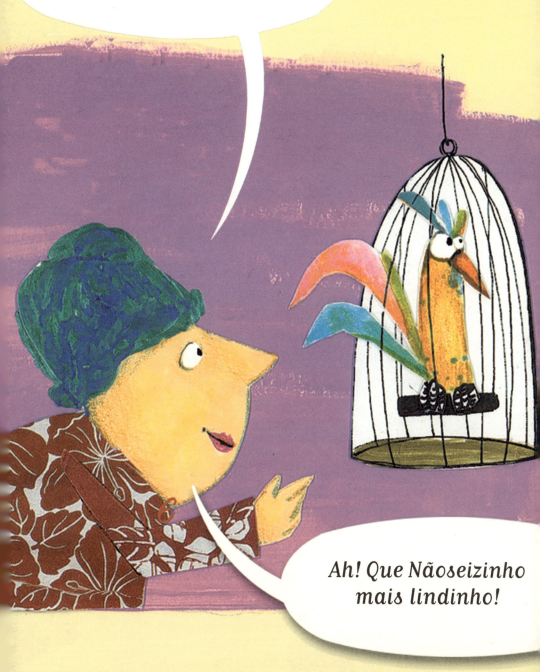

Um peixinho perguntou ao outro:

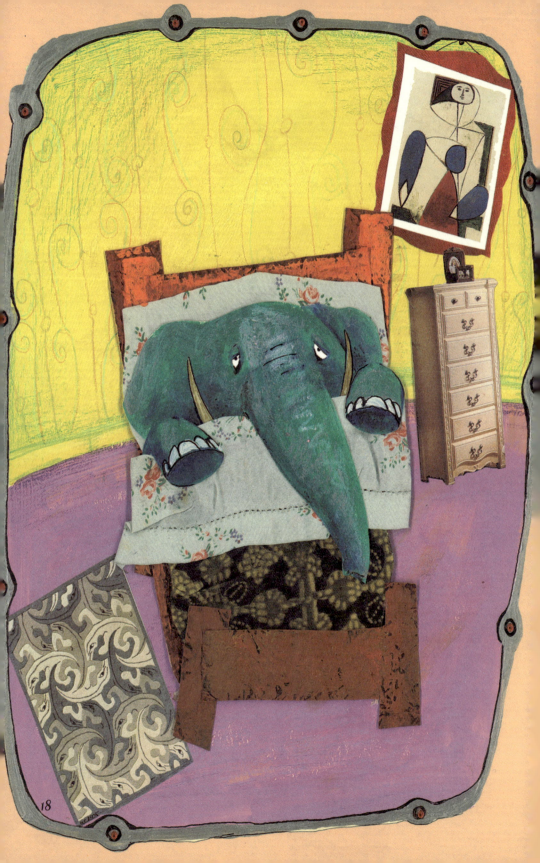

Qual é a diferença entre um elefante e uma cama?

O elefante é paquiderme, e a cama é para que durma!

Qual é o animal que, ao mesmo tempo, é dois?

O gato, porque ele é gato e arranha.

Um pequenino porco-espinho estava perdido e, pouco a pouco, foi entrando no deserto. A noite caiu e o pobrezinho começou a chorar de tristeza. De repente, tropeçou num cacto e exclamou, contente:

Perto de um esconderijo de ratos, aproxima-se um gato faminto e começa a farejar. Os ratos ficam paralisados de susto, até que o papai-rato começa a ladrar, como um cão. O gato foge com pressa e, mais tranquilo, o papai-rato ensina a seus filhos:

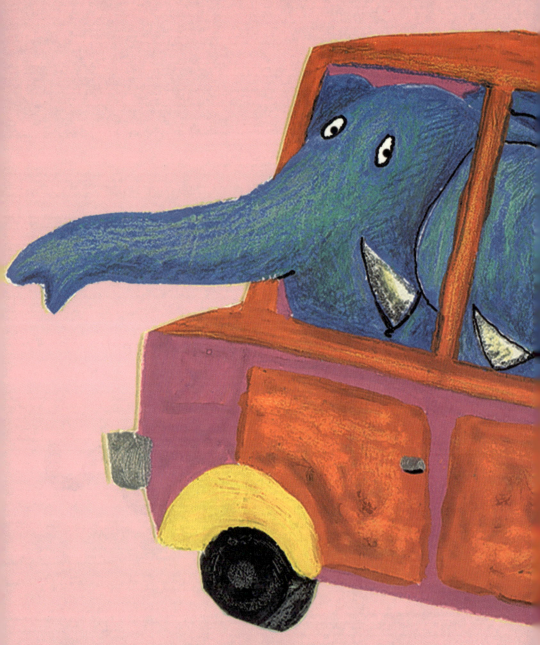

Como entram quatro elefantes em um carro?

Dois vão na frente e dois, atrás!

— Você gosta de touros?
— Sim, muito.
— Então, tem o mesmo gosto que as vacas.

O que um jardineiro disse ao outro?

"*Devemos ser felizes enquanto podamos.*"

Certa manhã, um fazendeiro estava sentado, tranquilamente, tomando sol. Um homem se aproximou e lhe perguntou:
— Com o que você alimenta seus porcos?
— Os porcos? Bem, com os restos de comida, com as frutas passadas, pão seco...
— Como você pode alimentar esses animais tão mal? Eu sou inspetor da Sociedade Protetora dos Animais e vou lhe dar uma multa de 200 reais!
No dia seguinte, o fazendeiro estava tomando sol novamente. Outro homem apareceu e perguntou:
— Com licença, como você alimenta seus porcos?

— Veja, de entrada lhes sirvo canapés de caviar. O prato principal é contrafilé apimentado com molho de champignon. De sobremesa, bolo de chocolate com sorvete.
— Mas que absurdo! Você não sabe que metade das crianças no mundo passa fome? Eu sou membro da Sociedade Pró-nutrição de Crianças Desamparadas e vou lhe dar uma multa de 200 reais por esse absurdo.
No dia seguinte, outro homem se aproxima e lhe pergunta:
— O que esses porcos comem?
— Eu dou dinheiro a eles, e eles compram o que bem entenderem para comer!

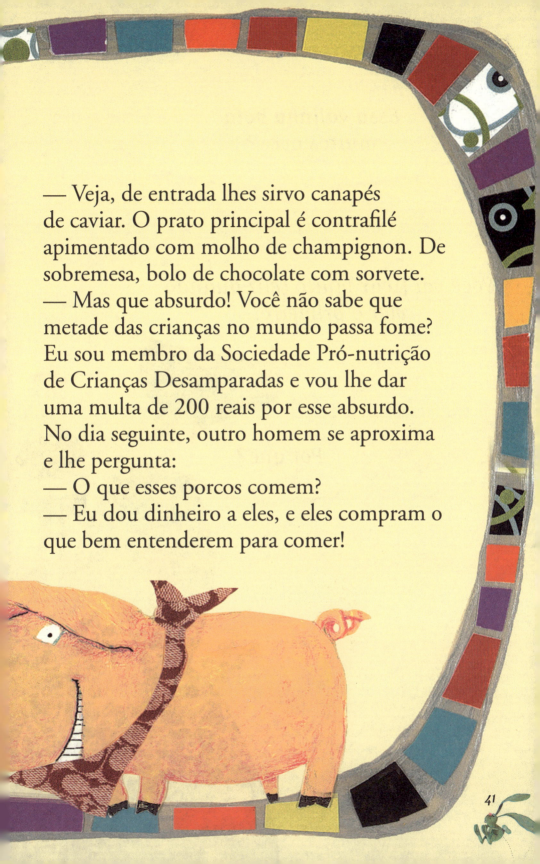

Até agora, não botou nenhum.

Venderei o ovo e a ave a preço de ouro!

Porque não é uma galinha, é um galo!

Um viajante cavalga pelos campos com seu cão fiel. De repente, o cavalo diz:
— Será que podemos ir mais devagar?
— Nossa! – exclama o viajante, surpreso. – É a primeira vez que vejo um animal falar!
— Eita, e eu também! – completa o cachorro.

Ao ver um rebanho
de ovelhas, Joãozinho
pergunta ao pastor:

Quantas ovelhas há nesse rebanho?

346!

Como você sabe?

É fácil!
Conto as patas
e divido por 4!

Um menino se perde no museu. Anda para lá e para cá por um bom tempo, mas não consegue encontrar sua mãe. Choramingando, dirige-se a um guarda e pergunta:

Joãozinho disse uma mentira e levou uma bronca da mãe.

Com que idade você começou, mamãe?

Piadas por telefone

Olá, o número é 9367-9881?

Você não acertou nenhum!

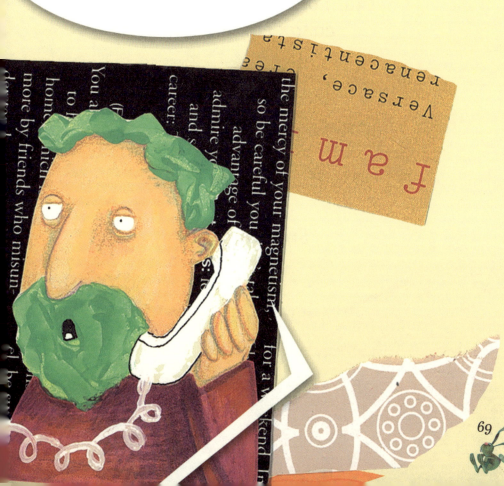

Olá, Lola! Você quer se casar comigo?

Sim! Quem é?

Estou falando com o hospício?

Não, senhor. Aqui nós não temos telefone.

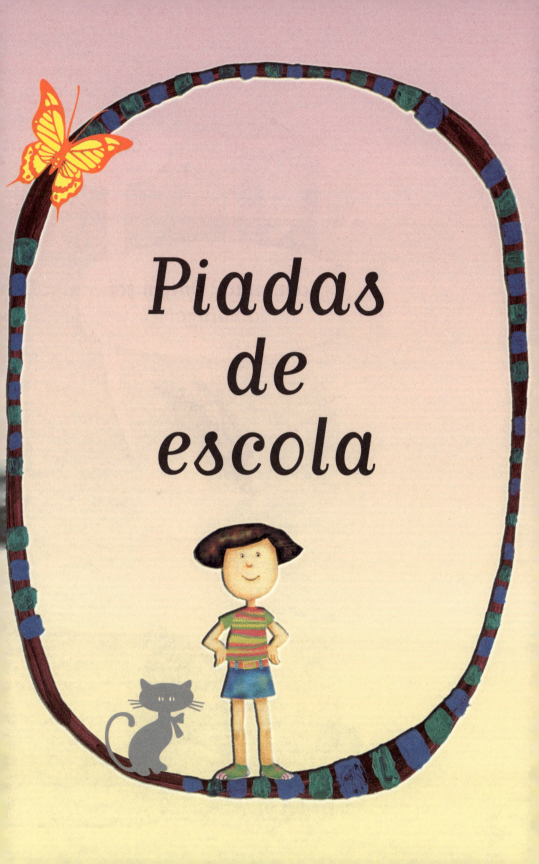

— Pedrinho, o que você quer ser quando crescer?

— Açougueiro.

— Por quê?

— Porque eu adoro colchão mole.

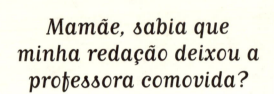

— Mamãe, sabia que minha redação deixou a professora comovida?

— Sim, ela me disse que dava pena.

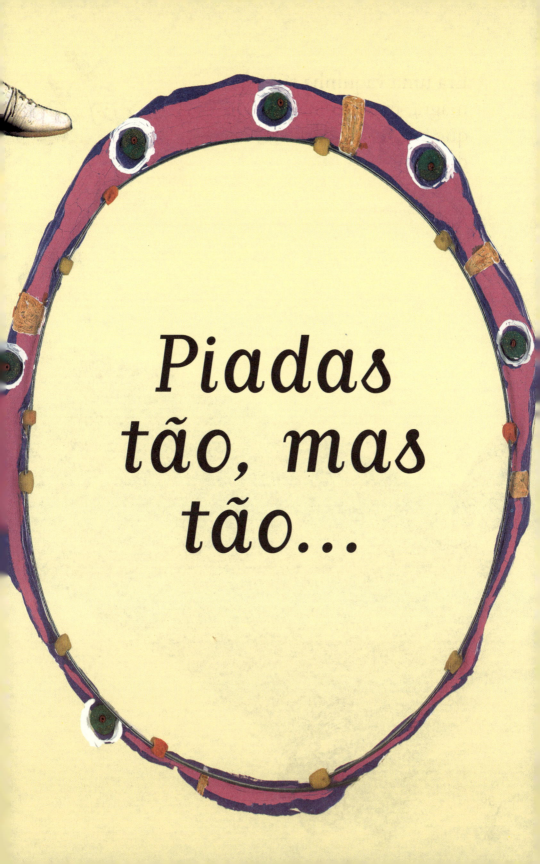
Piadas tão, mas tão...

Era uma vaquinha tão magra, mas tão magra, que em vez de dar leite, dava dó.

Era uma casinha tão pequena,
mas tão pequena, que, quando
entrava sol, todo mundo tinha
de sair.

Era uma menina tão feliz,
mas tão feliz, que nunca
entendeu a lei da gravidade.

Era um rio tão estreito,
mas tão estreito, que só
tinha uma margem.

Era tão magro, mas tão magro, que fez uma roupa com mil listras e sobraram novecentas e noventa e nove.

Era um carteiro tão lerdo, mas tão lerdo, que, quando entregava as cartas, elas já eram documentos históricos.

Era tão baixinha, mas tão baixinha,
que ficava doente para que o médico
lhe desse alta.

Tinha os pés tão grandes, mas tão grandes, que ficava mais alta deitada.

Era uma rua tão larga, mas tão larga, que era preciso pegar uma carona para conseguir atravessá-la.

Era tão magra, mas tão magra, que comeu uma azeitona e ficou parecendo grávida.

Era tão careca, mas tão careca, que caiu de costas e bateu a cara.

Tinha a boca tão minúscula, mas tão minúscula, que, para dizer "três", tinha de dizer "um, um, um".

Tinha um rosto tão largo, mas tão largo, que com um olho ele via o Sol, e com o outro, a Lua.

Era tão preguiçoso, mas tão preguiçoso, que não ficava no sol só para não fazer sombra.

Era tão mesquinho, mas tão mesquinho, que não dava nem atenção.

Era uma cidade tão pobre, mas tão pobre, que o arco-íris era em branco e preto.

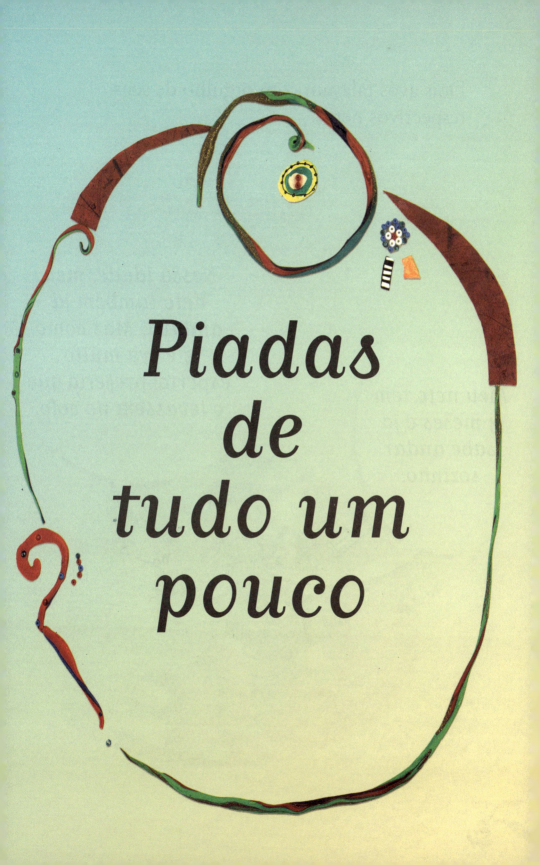

Piadas de tudo um pouco

Dois avós falavam com orgulho de seus respectivos netos.

Meu neto tem 4 meses e já sabe andar sozinho.

Nessa idade, meu neto também já andava. Mas como ele era muito esperto, preferia que o levassem no colo.

Que horas são quando o
relógio bate treze vezes?

Hora de levá-lo para
arrumar!

O que é preciso para que cinco pessoas com apenas um guarda-chuva não se molhem?

Que não chova!

Qual é a semelhança entre uma casa em chamas e uma casa abandonada?

Da primeira casa saem chamas, e da segunda, chama, chama, e ninguém sai.